La resolución de problemas

por Cristie Reed

Consultores de contenido:
Melissa Z. Pierce, L.C.S.W.
Sam Williams, M.Ed.

Educational Media

rourkeeducationalmedia.com

www.rourkeeducationalmedia.com

Melissa Z. Pierce is a licensed clinical social worker with a background in counseling in the home and school group settings. Melissa is currently a life coach. She brings her experience as a L.C.S.W. and parent to the *Little World Social Skills* collection and the *Social Skills and More* program.

Sam Williams has a master's degree in education. Sam Williams is a former teacher with over 10 years of classroom experience. He has been a literacy coach, professional development writer and trainer, and is a published author. He brings his experience in child development and classroom management to this series.

PHOTO CREDITS: Cover: © Marilyn Nieves; page 3: © Tatiana Gladskikh; page 5: © Aldo Murillo; page 7: © Imagesbybarbara; page 8: © Jani Bryson; page 9: © Tomwang112; page 11: © Steve Debenport; page 13: © Jaren Wicklund; page 15: © jianying yin; page 17: © Shawn Gearhart; page 19: © Christopher Futcher; page 20: © Troels Graugaard

Illustrations by: Anita DuFalla
Edited by: Precious McKenzie
Cover and Interior designed by: Tara Raymo
Translation by Dr. Arnhilda Badía

Reed, Cristie
La resolución de problemas / Cristie Reed
ISBN 978-1-62717-374-2 (soft cover - Spanish)
ISBN 978-1-62717-558-6 (e-Book - Spanish)
ISBN 978-1-61810-133-4 (hard cover - English)(alk. paper)
ISBN 978-1-61810-266-9 (soft cover - English)
ISBN 978-1-61810-392-5 (e-Book - English)

Also Available as:

ROURKE'S
e-Books

Rourke Educational Media
Printed in the United States of America,
North Mankato, Minnesota

Rourke
Educational Media

rourkeeducationalmedia.com
customerservice@rourkeeducationalmedia.com • PO Box 643328 Vero Beach, Florida 32964

Los **problemas** son parte de la vida de cada uno de nosotros. Todas las personas tienen problemas, ya sean niños o adultos.

Cuando ocurre un problema, puede ser que tengas que hacer algo. Puede ser que necesites hacer un cambio o probar algo nuevo.

Yo tuve un problema en la escuela. Nadie quería jugar conmigo durante el recreo.

A veces los problemas causan **estrés**. Los problemas pueden hacer que te duela la cabeza o el estómago. Los problemas te pueden causar la pérdida del sueño.

Es importante comprender que la mayoría de los problemas tienen **solución**. Algunas soluciones son simples y otras soluciones son difíciles y requieren tiempo.

¿Qué puedes hacer para **solucionar** un problema? Cuando los problemas ocurren, necesitas convertirte en un solucionador de problemas.

Detente y piensa. ¿Cuál es el verdadero problema? Asegúrate de que conoces lo que realmente anda mal. Pide ayuda si la necesitas.

El verdadero problema era que era una nueva estudiante en la escuela. Nadie me conocía.

Asegúrate de conocer todos los detalles. Intenta que tus sentimientos no se interpongan. Cuando te sientas inseguro, trata de obtener más **información**.

Piensa en cómo solucionar el problema. Aplica la técnica de **tormenta de ideas**, que consiste en hacer una lista de posibles soluciones.

Pensé en todas las formas en que yo podía hacer amistades. Yo no quería ser tímido.

Decide cuál de las soluciones es la mejor. Escríbela.

Haz un plan y prueba cómo solucionar el problema. Luego, espera a ver si tu solución funcionó.

Decidí resolver el problema. Les pedí a mis compañeros que jugaran conmigo.

Aprendiendo a resolver problemas y ayudando a los demás a resolver los suyos, te conviertes en un gran amigo.

¿Sabes una cosa? ¡Funcionó! ¡Conseguí tener un montón de nuevos amigos en mi nueva escuela!

¡Pruébalo! ¡Sé un solucionador de problemas!

- Un día decides jugar en la computadora de mamá. El equipo deja de funcionar y mamá no está en casa. ¿Cómo resolverías el problema?

- Algunos chicos en la escuela han estado fastidiando a tu mejor amigo. ¿Cómo resolverías este problema?

- Acabas de enterarte que te vas a mudar a otro estado. Tú no quieres mudarte. ¿Cómo puedes tratar de resolver este problema?

Glosario ilustrado

estrés:
Un sentimiento de preocupación o miedo.

información:
Hechos o noticias acerca de algo.

problemas:
Asuntos difíciles que debes enfrentar.

solución:
La respuesta a un problema.

solucionar:
Encontrar la respuesta a un problema.

tormenta de ideas:
Pensar y proponer ideas.

Índice

Páginas Web

www.bam.gov

www.goodsitesforkids.org/LifeSkills.htm

www.kids.gov

Acerca de la autora

Cristie Reed vive en Tampa, Florida. Ella trabaja como profesora y entrenadora de lectura. Le encanta leer a los niños. Ella quiere ayudar a que los niños aprendan a resolver problemas importantes y hacer de nuestro mundo un lugar seguro para vivir.

Ask The Author!
www.rem4students.com